GUIDE D'ÉLEVAGE DES FOURMIS

LA VIE ET LA MAINTENANCE DES COLONIES DE FOURMIS

La myrmécologie est le domaine d'étude des fourmis. Le domaine est vaste puisque la dénomination "fourmi" regroupe plusieurs centaines d'espèces.

Chaque espèce a son propre mode de fonctionnement interne, mais aussi un mode de fonctionnement social différent des autres espèces !

Nous avons des fourmis moissonneuses, des fourmis agricultrices, des fourmis véganes et des fourmis qui mangent de la nourriture carnée. Nous avons des fourmis qui ont des cycles de vie spectaculaires, ou mêmes les comportements de défense et de chasse diffèrent...

Vous l'avez compris, la myrmécologie est un domaine vaste, qui étudie pourtant de petites bêtes ! Il y a 200 espèces de fourmis qui vivent en France métropolitaine, Il y a 90 espèces endémiques en Australie, 800 espèces aux USA, et 1600 espèces en Afrique.

Sur le globe, il y a plus de 15 000 espèces. Nous pensons cependant qu'il nous reste plus de 10 000 espèces à découvrir. En effet, il y a beaucoup de fourmis dans les régions tropicales peu étudiées, par manque de moyen.

Aujourd'hui, les fourmis se font des nouveaux amis ! La culture NAC et les nouvelles tendances poussent les particuliers à élever des fourmis...

L'élevage des fourmis n'est pas nouveau en réalité : Les amoureux de la nature et les passionnés des animaux ont depuis longtemps déjà, prélevé des reines en nature pour pouvoir construire une colonie à la maison. La réglementation sur les fourmis est favorable et/ou vague dans la plupart des pays. Ainsi les amateurs et scientifiques ont appris à élever des fourmis avec des prélèvements en nature.

Si de plus en plus de particuliers se penchent sur la question en tant que loisir, c'est parce que ces fourmis sont de plus en plus médiatisés et démocratisés a l'aide des réseaux sociaux et d'internet.

C'est le marché des NAC (nouveau animaux de compagnie) qui met aussi en avant la myrmécologie. Sur le marché, nous trouvons désormais des kits d'élevage de fourmis avec des petites colonies.

L'élevage de ces petites bêtes est très inspirant et éducatif. Ces prochaines années, l'élevage de fourmi va s'intensifier avec la demande de plus en plus grande de la part des amateurs, mais aussi grâce à des structures éducatives.
Un marché en expansion pour les fourmis : C'est une opportunité d'accélérer les recherches sur la myrmécologie, mais aussi de comprendre plus en profondeur leur fonctionnement magnifique...

Dans cet ouvrage, nous étudierons l'élevage des fourmis, la nourriture, la maintenance, l'alimentation et les conditions d'élevage. Nous étudierons aussi l'anatomie de la fourmi, ses fonctions sociales, ainsi que différentes espèces de fourmis.

Bienvenue à bord pour une étude approfondie de la myrmécologie et des mécaniques d'élevage des fourmis !

Sommaire

La fourmi en général

Les fourmis sont des insectes, nous les classifions ainsi car elles ont six pattes, mais surtout parce qu'elles ont un corps en trois partie, comme tous les insectes, à savoir : Une tête, un thorax et un abdomen.

Elles sont classées dans l'ordre "Hyménoptère" qui regroupe les fourmis, les guêpes et les abeilles, entre autre. Si la fourmi est classée dans cet ordre, c'est parce qu'elle possède des ailes à un moment dans son cycle de vie.

Parlons justement du cycle de vie de nos fourmis ! Chaque fourmi est pondue par une reine (ou "Gyne"). La reine est la mère de toute la colonie. Ces nouvelles fourmis passent par un stade d'œuf, ou de cocon selon l'espèce, puis elles deviennent ensuite ouvrières. C'est-à-dire qu'elles remplissent leurs rôle dans un groupe de fourmi appelé "colonie".

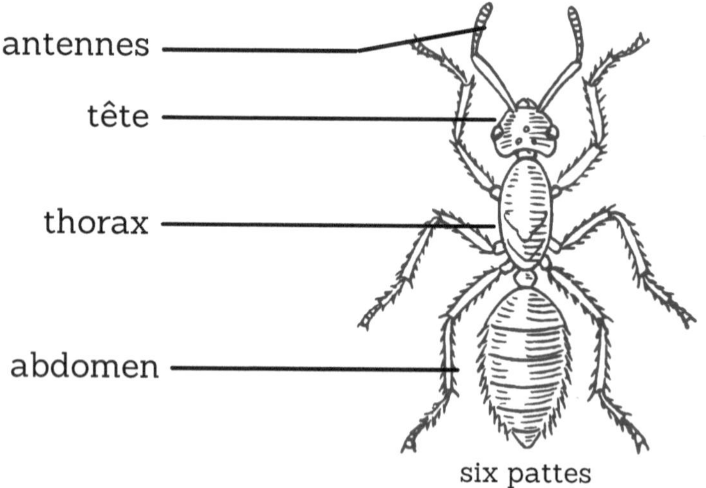

Les ouvrières ont des durées de vie variées, et la plupart des fourmis meurent dans leurs fonctions d'ouvrière. Lorsque la reine pense que sa colonie est assez grande, elle va émettre des substances qui vont donner à certaines ouvrières... des ailes.

Ces fourmis ailées sont appelé "prince" et "princesse". Ce sont des animaux destinés à la reproduction. Elles utiliseront alors leurs ailes pour faire des vols nuptiaux (des essaimages).

Lors de ces essaimages, la majorité des fourmis ne seront pas fécondées, mais des princesses seront fécondées par plusieurs princes.

Les princesses fécondées se posent alors sur le sol, arrachent leurs ailes et cherchent un coin à l'abri des prédateurs pour pondre, et fonder leur propre colonie. Les princesses deviennent alors des gynes a leurs tours. À ce moment, l'espérance de vie de la reine augmente considérablement, puisqu'on estime qu'une gyne peut vivre plusieurs dizaines d'années. La colonie se forme... et le cycle recommence !

Certaines colonies peuvent atteindre plusieurs dizaines de milliers d'individus. Dans la nature, nous observons des colonies de taille différente selon les espèces. Ainsi les colonies qui ont plus de risque de prédation sont plus grande, c'est la stratégie de la quantité qui sera utilisé par la reine pour maintenir la colonie a flot !

Nous parlons d'insecte social pour classifier les fourmis. En effet, les fourmis d'une même colonie communiquent entre elles pour organiser le travail. Mais quel travail ?

Dans une colonie, la reine pond et s'occupe de ses premières ouvrières, ensuite, les ouvrières doivent s'occuper des cocons ou œufs, mais elles doivent aussi rassembler de la nourriture et de l'eau, participer à la défense du territoire et de la fourmilière, se reproduire, creuser de nouvelles galeries, ou encore partir en exploration pour trouver de nouveaux milieux plein de vivre.

Les fourmis savent communiquer avec des substances chimique similaire à des phéromones. Ce sont ces substances qui permettent aux fourmis de retrouver leurs chemin, et de toujours emprunter un même chemin pour aller d'un point A un point B. Les fourmis se divisent également le travail. Elles ont des spécialités, nous irons plus loin dans la hiérarchie des colonies plus tard dans cet ouvrage.
Ce sont des insectes sociaux comme les abeilles, qui savent s'organiser en groupe, et travailler individuellement pour la réussite de toute la colonie.

Depuis longtemps, les fourmis ont été une inspiration, souvent comparé à l'organisation des hommes en société. Les hommes et les fourmis sont capable de résoudre des problèmes complexes.

Les fourmis occupent tous les territoires, à l'exception des poles (comme beaucoup d'espèces dans le monde). Ces colonies de fourmis sauvages ont besoin de substrats divers. Il y a des espèces qui sont plus à l'aise dans le bois, et d'autre dans le sable, la terre, l'argile, ou encore l'humus forestier.

À l'échelle de la planète, nous estimons qu'il y a plus d'un milliard de milliard d'individus. Les fourmis représentent moins de 1% des espèces d'insectes, mais la masse de l'ensemble des fourmis dépasse le poids de l'ensemble des hommes.

Dans certains milieux spécifique et apprécié par nos insectes, les fourmis représentent 15% de la biomasse animale.

Les fourmis ne consomment pas beaucoup de ressources a l'échelle individuelle, mais leurs nombres conséquents permet de recycler les sols de la planète, en transformant les petites matières organiques en déchet encore plus petit. Cela favorise la pousse des plantes.

Les fourmis creusent des galeries : elles hydratent et aèrent aussi les sols.

1 000 000 000 000 000 000.

Nombre d'individus sur le globe

Se préparer à l'élevage de fourmis

Les fourmis intéressent de plus en plus de personnes, à travers le monde entier ! Dans les pays de l'Est, la culture des petites bêtes est déjà largement répandue. En Europe, nous prenons l'initiative et adoptons de plus en plus de fourmis.

L'élevage de fourmis est plutôt simple, mais il y a des choses à savoir avant de se lancer. L'élevage des fourmis est aussi adapté aux enfants et aux groupes scolaires : Cela permet de voir de plus près l'organisation et la construction d'une colonie.

Pour bien se préparer a l'élevage des fourmis, il faut prendre conscience que les colonies peuvent avoir des tailles démesurées, et qu'il faut pouvoir subvenir au besoin des animaux pendant la durée de vie de cette colonie. Cela comprend la capacité à nourrir la colonie, et nettoyer la fourmilière et les aires de chasse, mais cela comprend aussi l'achat d'espaces supplémentaires si la colonie devient conséquente !
Il faut savoir désigner une personne qui s'occupe de la colonie si vous êtes absent pendant une longue période, et il faut s'attendre à faire face à des petits problèmes qui peuvent survenir. L'élevage de fourmis reste simple et accessible, mais il faut parfois faire face à des évasions, ou des problèmes d'acariens par exemple.

Pour bien préparer l'élevage d'une colonie, vous devez acquérir des connaissances, mais aussi du matériel spécifique qui aidera grandement pour faire ces élevages.

Vous avez besoin de matériel adapté pour les petites colonies dans un premier temps, puis il faudra du matériel supplémentaire en fonction de la tailles des colonies.

Les petites colonies de moins de 30-40 individus vivent dans des tubes a essai scientifique.
Pourquoi ? Simplement parce que la fourmi, et essentiellement la reine, a besoin d'un espace confiné pour pouvoir se sentir en sécurité et pondre. Les tubes à essai sont donc de parfaits objets pour les petites colonies.

Matériel pour une petite colonie "tube a essai" de moins de 40 individus :
- Tube à essai
- Du coton
- De l'eau
- Une pince

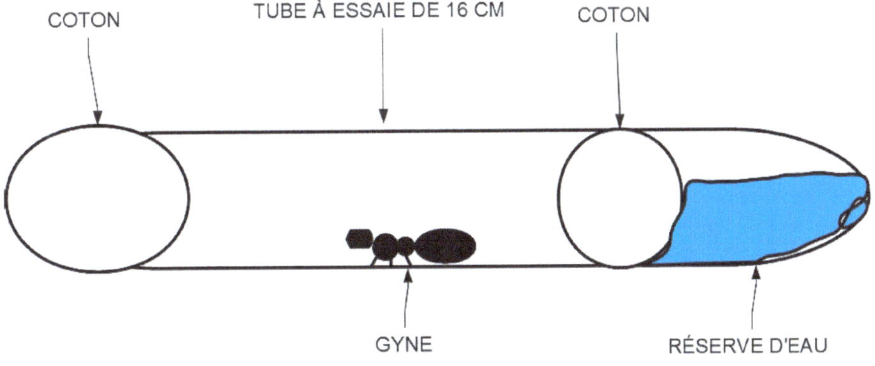

Le montage en tube à essai offre a la gyne une réserve d'eau au fond du tube a essai de 16 cm. Notons que des tubes a essai plus petit peuvent faire l'affaire : Les gynes vivent dans des endroits confinés, et elles se sentent en danger lorsqu'il y a trop d'espace. Il conviendra de mettre du coton bien concentré pour que l'eau ne s'échappe pas du tube. Les inondations dans les tubes représentent un gros risque chez les éleveurs amateurs. Un coton placé a la sortie du tube offre un échange d'air, mais ne permet pas aux animaux de sortir.

Ce montage classique est la base de tous les élevages de fourmis. Bien qu'il existe des tubes spécialisés plus performants, le principe est la, et il fonctionne pour presque toutes les espèces de fourmis disponibles en captivité. Oui, l'élevage de fourmis ne demande pas beaucoup de matériel, surtout pour maintenir une gyne et sa colonie débutante.

Concernant le montage du tube a essai, il faut utiliser une seringue pour placer l'eau au bout du tube, sans mettre de gouttes d'eau sur les bord, ce qui pourrait noyer les fourmis. Généralement, nous mettons 4/10 d'eau dans un tube a essai. 3/10 du tube est utilisé par le coton, ce qui laisse 30% d'espace confiné pour les fourmis. Plus un tube contient d'eau, plus il durera longtemps. Si vous n'avez plus d'eau dans votre tube, il faudra déménager la colonie dans un autre tube, ou dans une fourmilière.

Notons qu'il existe des tubes qui permettent la recharge d'eau.

Dès lors que la colonie dépasse environ 40 individus : Vous pourrez placer vos animaux dans des nids et des airs de chasse plus grands. Les aires de chasse sont des petits terrariums pour observer les fourmis et déposer de la nourriture, et les nids sont des espaces confinés pour loger les colonies. Du matériel spécifique existe !

Matériel pour une colonie avancée :
- Un nids
- Une ou plusieurs aires de chasse (raccordé par des tubes)

Les colonies plus grandes ne nécessite pas de connaissances plus grandes pour l'éleveur, mais il faut apprendre a bien utiliser l'eau, la nourriture et l'espace.

Se préparer a l'élevage de fourmis, c'est aussi un apprentissage sur les espèces en elles même ! Chaque espèce à des besoins différents en eau, mais aussi en nourriture, en matière de nids, en température, ou encore en condition d'élevage et de luminosité.

Pour ces paramètres qui diffèrent d'une espèce à l'autre : Il n'y a pas de réel tutoriel : Il faut observer et apprendre. Si la fourmi vient d'Afrique, il y a de forte chance pour qu'elle vive dans des températures plus hautes, avec une hygrométrie plus faible. Si des fourmis vivent dans les bois, il sera préférable de mettre un nid en bois.

Vous l'avez compris, nous essayons de recréer l'écosystème naturel des animaux, pour avoir des conditions d'élevages optimales, calquées sur les paramètres de la nature.

La bonne méthode est de choisir la bonne espèce, puis de recréer des conditions d'élevage seines et naturelles. L'information est donc à la base de toute préparation à l'élevage de ces petites bêtes.

Obtenir une colonie

Maintenant que vous connaissez le cycle de vie de la fourmi et que vous êtes préparé a l'élevage grâce aux tubes à essai, nous regardons comment obtenir vos premières fourmis.

Il y a deux grandes écoles pour obtenir des colonies de fourmis, mais dans la plupart des cas, vous obtiendrez une reine seule, ou avec seulement quelques ouvrières. Votre colonie pourra vivre encore dans un tube a essai pendant plusieurs semaines.

La première école est l'achat de fourmis via des boutiques spécialisées et via le commerce de seconde main.
Des boutiques, et même des animaleries pourtant très grand publique, vendent des reines fourmis et des débuts de colonie (fondation). Avec cette méthode, vous obtenez une reine, vous choisissez même l'espèce, et vous êtes sûr que l'élevage est sein, vous n'allez pas avoir d'acarien ni de champignons.
Cette méthode est pratique, et offre la possibilité de démarrer rapidement un élevage. C'est la solution choisie par la plupart des projets pédagogiques.

Cette méthode en revanche, n'offre pas le plaisir de chercher et de trouver une gyne en nature, et c'est en allant dans la nature que l'on apprend beaucoup sur le cycle de vie des fourmis.

Bien évidemment, la seconde option pour obtenir une colonie de fourmis est le prélèvement en nature. Ces prélèvements sont autorisés par la loi de la plupart des pays. Comme je l'écrivais en introduction, les fourmis sont nombreuses, et le prélèvement de fourmi n'occasionne pas de dégâts a la faune et a la flore locale.

Obtenir une reine dans la nature est beaucoup moins évident, mais c'est un réel plaisir de débuter un élevage ainsi. Avec de bonnes connaissances : cela devient même facile.

Pour obtenir des fourmis "sauvages", il ne sert à rien de prélever des ouvrières, ni même des fourmis ailées, car elles décéderont systématiquement. Ce qu'il faut réellement faire, c'est trouver une reine qui va pondre et créer une vraie colonie.

Les reines sont visibles, car elles sont plus grosses, plus imposantes, elles se déplacent aussi plus lentement. Le moyen le plus sur pour trouver une gyne est d'attendre un essaimage. Les essaimages durent tout l'été (bien que cela dépend des espèces). Après un essaimage, les fourmis qui s'arrachent les ailes sur le sol sont des fourmis fécondées, qui deviennent des reines. Vous devez donc chercher des fourmis plus grosses, et sans ailes.

Notez que les essaimages et l'apparition de gyne se font souvent après un orage. N'hésitez pas à sortir de chez vous avec un petit tube à essai préparé pour l'occasion, puis de chercher dans les jardins, sur les bordures des maisons. Les piscines sont des endroits prisés par les gynes également.

Les reines sont visibles après les essaimages, de jour comme de nuit. Elles cherchent un endroit pour pondre, cherchez dans les endroits humides, mais aussi dans les endroits confinés.

Certains particuliers n'hésitent pas à changer de territoire pour obtenir des reines d'espèce différentes. Si vous ne trouvez pas de reines près de chez vous, vous pouvez aller dans les bois ou dans les plaines.

L'étape finale est le prélèvement de la fourmi, qui doit s'effectuer avec douceur pour ne pas stresser l'animal, ni le blesser. Gardons en tête que ces animaux sont fragile, ils aiment les espaces confinés, le calme, et le manque de lumière !
Une fois la fourmi prélevée et dans le tube à essai, il faut amener vite le tube à essai dans un endroit stable en température et à l'abri de la lumière, pour enfin attendre que la gyne ponde.

Au bouts de quelques jours et avec les premiers œufs, vous pourrez être sûr que la fourmi est fécondée et que votre élevage démarre.

La seconde stratégie parait plus difficile, mais elle est abordable si vous êtes motivé, instruit et organisé !

Les débuts de la colonies

Vous avez votre première reine dans votre tube, a l'abri de la lumière, des prédateurs, dans un endroit stable en température, et calme ? Tout est parfait, continuons !

La reine seule n'a qu'un devoir : Pondre des œufs ou des cocons pour pouvoir fonder une colonie. Nous allons tous faire pour que ce devoir soit accompli !

La meilleure chose à faire lorsque la reine est seule, c'est justement de ne rien faire, mis à part de surveiller la ponte et la présence d'eau. En effet, si vous donnez à manger à une reine, elle risque de préférer la nourriture à la ponte. Il ne faut pas nourrir la plupart des espèces jusqu'à l'arrivée des premières ouvrières.

Ne rien faire, c'est aussi éviter toute manipulation de tube à essai, et éviter les déménagements intempestifs. La reine et les premières ouvrières doivent vivre dans le calme. Beaucoup laissent leurs colonies au fond d'un tiroir pour offrir du calme et un endroit sombre à leurs animaux.
Le stress est effectivement un facteur majeur, à prendre en compte pour débuter une colonie, celle-ci est très fragile au début, et les reines dépendent directement du stress pour la ponte des œufs. Avec du calme, vous réduisez fortement la mortalité des fourmis dans les colonies. Cette règle du calme est universelle pour toutes les espèces de fourmis, quelque soit leurs comportements et modes de vies.

Une fois que les premières ouvrières apparaissent, vous pouvez donner à manger à votre petite colonie, parce que la reine sera nourrie par les ouvrières. Veillez cependant à donner de très petites quantité. Les fourmis ne pèsent que 1 a 10 milligrammes par individu, et ils n'ont pas de gros besoins alimentaires. Il faudra insérer de la nourriture à l'opposé de l'eau si votre colonie est en tube a essai, car la nourriture peut pourrir avec l'eau, et provoquer des moisissures et/ou naissances de bactéries.

Au-delà de ça, il est difficile de nettoyer le corps d'un tube à essai. C'est pour cela qu'il faut éviter de polluer le tube, et bien le concevoir en amont. Si votre tube devient trop sale où est inondé, alors vous pouvez procéder à un déménagement de tube à essai, ou offrir une petite aire de chasse à la sortie du tube (avec du matériel spécifique). Cette technique d'ajout d'une petite aire de chasse est aussi utile pour mettre de la nourriture, et parfois de l'eau sans faire des manipulations complexes, mais il ne faut pas oublier qu'il faut garder la colonie dans un endroit très confiné pour éviter le stress !
L'erreur principale avec les animaux en captivité est l'impatience, tout comme l'aquariophilie ou le détentions des insectes.

Pour bien débuter avec une colonie récente, il faut aussi faire de la surveillance. Voici une liste de chose à surveiller pour connaitre les besoin et l'état de santé de vos fourmis.

- La présence d'eau
- La présence de nourriture
- L'absence de moisissure
- L'absence d'acariens
- Le nombre d'œufs (ou cocon)
- Le nombre et l'évolution des ouvrières
- L'activité normale de la reine
- La présence de pain de fourmi si l'espèce assemble sa nourriture "en pain"
- La bonne circulation des ouvrières
- L'isolation des liquides pour empêcher les noyades
- La bonne transmission de l'eau dans le coton

- L'absence de vibration à côté du tube a essai
- L'absence de lumière trop forte
- L'absence d'écart de température trop important

Note : Après l'étape de la fondation (tube a essai), vous pourrez donner de l'eau à vos animaux à l'aide d'un bouchon rempli de coton, imbibé d'eau. Ce coton doit constamment être humide, et nécessite un changement de temps à autre.

L'anatomie de la fourmi

La fourmi est un insecte presque commun, comme tous les insectes, son corps se décompose en trois parties, et la fourmi possède six pattes. À un stade de sa vie, la fourmi développe des ailes. Parlons justement de ses caractéristiques physiques !

Ci-dessous, un schéma qui résume les parties anatomiques d'une ouvrière.

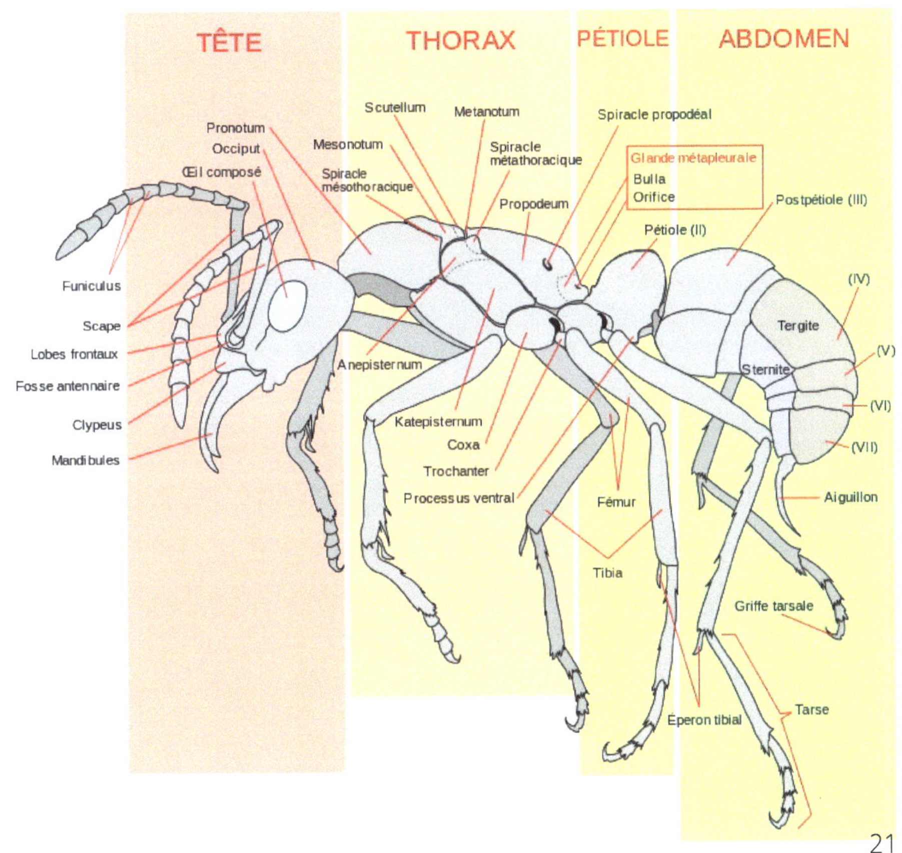

La fourmi a plusieurs points intriguant concernant son anatomie...

Les pattes

Premièrement, ses pattes ont des petits poils qui sont capable de sentir les vibrations. Comme chez les araignées, ces pattes sont utiles pour détecter des proies, mais aussi des menaces extérieures. Nous pensons à ce jour que ces poils n'ont pas d'utilité dans la communication entre les fourmis d'une même colonie.

Les antennes

En revanche, les antennes sont faites pour communiquer ! Les antennes sont utiles pour avoir des interactions avec les autres fourmis. Ces antennes captent également des phéromones, c'est l'organe du toucher et de l'odorat chez la fourmi. Les fourmis utilisent les antennes lors de petits échangent tactile qui permet de savoir où est la nourriture, sur quel chemin. Ces antennes sont aussi mises à profit lors des trophallaxies (l'échange de marchandise entre individus) et le transport.

Plusieurs expériences sur les fourmis (Lasius fuliginosus, et Messor) ont démontré que les fourmis se dirigeaient littéralement avec ces antennes. Les fourmis peuvent vivre sans antenne, mais une antenne abimée est un risque de se perdre.

Un échange antennaire ne dure que quelques secondes, mais cela permet aux fourmis de construire une fourmilière, et d'organiser les taches, même s'il n'y a pas de réel communication ! Seul les phéromones et les antennes suffisent.

Glande Postpharyngienne

La fourmi possède aussi une glande postpharyngienne, c'est un organe unique et propre à la fourmi. Cet organe secrète des substances chimiques (phéromones) qui permettent aux fourmi d'une même colonie de se reconnaitre entre-elles. Si un individus n'a pas la même signature hormonale propre a la colonie, alors il est détecté comme un intrus, et il se fera bannir et/ou tuer.

Un jabot social

Ces insectes sociaux le sont jusqu'a leurs anatomies, puisqu'ils ont un jabot social. C'est une poche qui est situé derrière l'œsophage, qui permet de stocker de la nourriture pour un transport vers le nid. Des fourmis nourricières s'échangent alors de la nourriture par la bouche et le jabot social, à l'aide de régurgitation. Ce processus est appelé "trophallaxie" et est un mode d'alimentation plutôt commun chez les fourmis, nous retrouvons aussi cela chez d'autres animaux.

La glande métapleurale

Il s'agit ici d'un organe de protection. Cette glande se situe à l'arrière du thorax. Elle secrète et dispersent un anti-fongique, et de l'anti-biotique. À quoi cela peut-il servir ? N'oublions pas que les fourmis vivent dans des nids confinés, en très grand nombre. Ces glandes contribuent à maintenir le nids très propre, et sans bactérie !

Le cerveau et les yeux

Le cerveau de la fourmi est composé de 500 000 neurones environ. Il contrôle les yeux qui sont un assemblage de 1300 capteurs. Cette configuration permet à la fourmi une vision à 180°. Les fourmis ont une très bonne vision, en revanche, nous ne savons pas si elles perçoivent les couleurs.

Ces neurones sont utilisés pour le travail social des fourmis, mais aussi et surtout pour coordonner les mouvements des pattes et la direction.

Organes chordotonaux

Ce sont de petits récepteurs situés dans les pattes de l'animal. Ce sont ces organes qui vont capter les vibrations, ce qui donnera un aperçu des sons environnants à la fourmi. Effectivement, la fourmi n'a pas d'oreille, elle a évolué avec ces organes-là !

Organes reproducteurs

Les organes reproducteurs ne sont pas développé par les ouvrières, jusqu'a un certain stade. Quand la colonie est mature et que la saison approche, les individus développent leurs organes reproducteurs et partent à la recherche d'autres fourmis pour un accouplement. Seul quelques fourmis survivent, les mâles, eux, décèdent automatiquement après un accouplement.

Étude des fonctions sociales

Les fourmis savent s'organiser ! La bonne nouvelle, c'est que l'on peut observer ces fonctions sociales dans nos élevages. Même les fourmis en captivité s'organisent et font beaucoup de choses très intelligentes.

Les fourmis sont parfois même comparé à internet, et sont tout aussi inspirante pour créer des intelligences artificielles, ou encore faire communiquer des robots ensembles. En effet, les fourmis ont trouvé un système sociétaire qui fonctionne à merveille pour briller en société et faire avancer une civilisation ! Il est donc normal que ces fourmis représentent des sources d'inspiration.

Vous le savez : Les fourmis utilisent les phéromones pour communiquer sur les chemins à emprunter. C'est comme cela que les fourmis forment des "lignes" lorsqu'elles sont en déplacement. Ce que vous ne savez pas, c'est que cela va plus loin encore ! Les fourmis sont capables de calculer la quantité de nourriture qui est rapatrié depuis un chemin spécifique. En fonction du nombre d'ouvrières qui reviennent au nids avec de la nourriture... la prochaine expédition contiendra plus ou moins d'individus.

Les "routes" fréquentés sont des chemins avec beaucoup de nourriture, et les chemins qui ont seulement quelques fourmis sont des passages ou il y a peu de nourriture. Parfois ce sont de simples ouvrières qui sont en exploration. Tout ceci est très intelligent !

Ces comportement s'observent très bien même en captivité. Les nids doivent être très petit et confinés, mais cela n'empêche pas d'ajouter des aires de chasse assez grande pour pouvoir observer ces phénomène incroyables. Toutes les espèces ont des comportements uniques et une grande aire de chasse vous aidera à observer. Vous pouvez aussi vous munir d'une loupe pour voir plus précisément.

Les fonctions sociales chez la fourmi, c'est le partage de la nourriture comme nous l'avons vu, c'est la capacité à organiser les déplacements, c'est aussi de l'entraide entre les individus...
En effet, les fourmis savent s'aider mutuellement. Il arrive que des fourmis se joignent à des combats contre des prédateurs, il arrive aussi que les fourmis se grimpent dessus pour former de véritables ponts biologique. Cela aide à trouver de la nourriture, ou à échapper a des scénarios catastrophiques.

C'est aussi l'entraide qui fait que les taches sont divisés, nous avons même l'impression que les fourmis sont individuellement consciente des problématiques de la colonie, et que ces fourmis soient capables d'agir dans l'intérêt de celle-ci.

Attaque et défense

La fourmi est capable d'attaquer et défendre son territoire. Bien évidemment, chaque fourmi s'attelle à cette tache, parfois pour ramener de la nourriture a la colonie, et parfois pour sauvegarder le nids et la vie de la colonie.

Les fourmis ne sont pas agressives dans la nature, elle n'attaque généralement pas pour rien. L'agressivité est très relative chez les animaux. Les animaux ne sont que des suites d'actions et de réactions logiques.
Comme tous les animaux, la fourmi à besoin de se défendre, c'est évident ! En France, il y a peu de fourmis dangereuses. Les fourmis ne peuvent pas causer de gros dommage à notre peau, nous sommes donc en sécurité.

Sur plusieurs centaines d'espèces présentes sur nos territoires. Seulement trois dizaines sont répertoriées comme étant légèrement plus dangereuse. Ces espèces peuvent piquer, mordre, toujours avec des raisons évidentes depuis leurs points de vue. Ces espèces sont surtout plus dangereuses pour les personnes à risques et les personnes allergiques.

Il y a des fourmis qui mordent avec leurs mandibules pour se défendre. C'est le cas lorsqu'un homme ou un animal s'attaque à une fourmilière par exemple.

D'autres fourmis possèdent un aiguillon. Elles sont communément appelées à tort "fourmis rouge".

En effet, les fourmis peuvent piquer à l'aide d'un aiguillon. Cet aiguillon est relié à une glande qui secrète de l'acide formique. Voilà aussi pourquoi nous ne sommes pas si sensibles au venin des fourmis : Ce produit d'attaque est le même que celui des orties de jardin. Cela signifie qu'il provoque les mêmes symptômes. À savoir : Quelques démangeaisons et rougeur.

Au contraire, les fourmis qui provoquent le plus de maux sont les paraponeras. Ce sont des fourmis d'Amérique du Sud qui ont des piqures comparables à des balles de fusils. D'ailleurs, cette espèce est très célèbre sous la dénomination "fourmi balle de fusils".
Rassurez-vous, nous ne rencontrons pas ces fourmis dans nos régions. Les fourmis dangereuses sont extrêmement rare dans l'hémisphère nord.

Si certaines espèces de fourmis piquent, c'est avant tout pour manger et/ou défendre un territoire : Rappelons le !

La défense d'un individu ou d'une colonie s'organise aussi selon le biotope, les ressources disponibles et la faune locale. Certaines espèces qui vivent dans des milieux plus hostiles ont même appris à éjecter de l'acide formique a plus de 25 centimètres.

Les fourmis se battent avec d'autres colonies pour avoir un gain de place, et une chasse gardée. Ces fourmis considèrent comme acquis la nourriture qui se trouve sur leurs territoires, bien qu'elles soient plutôt opportunistes en règle générale.

Il y a bien des animaux plus fort, contre qui nos petits insectes ne peuvent pas lutter : Ce sont les prédateurs.

Quelques araignées, grenouilles, mais aussi petit mammifères, rongeurs, reptiles, oiseaux insectivores, punaises et autre insectes de plus grandes taille représentent des dangers pour nos fourmis. Ces prédateurs consomment des fourmis pour pouvoir vivre.

Quel impact a la prédation sur les colonies de fourmi ?

Là prédation n'a pas beaucoup d'impact sur la colonie. En effet, certains animaux consomment des cadavres morts, ils nettoient la zone. D'autres utilisent leurs vitesses ou leurs langue collante pour attraper plus massivement des ouvrières.
Même si la prédation peut faire beaucoup de dégâts, la colonie ne risque pas grand-chose : La reine est profondément cachée, et elle continue de pondre. Les fourmis utilisent la stratégie de la quantité pour survivre au monde extérieur, et c'est une bonne manière de faire, nous le constatons avec la présence et le développement de colonies dans nos jardins et dans les plaines !

Les roles au sein de la colonie

Dans une colonie, il y a d'innombrables animaux, tout ceci dans un espace très réduit ! Pour bien gérer la vie de la colonie, chaque individu a un rôle, regardons cela de plus près !

La reine

Nous l'avons déjà étudié, la reine est la mère de toute la colonie. Si la reine meurt, il n'y a pas de nouvelles ponte et la colonie meurt petit à petit. La reine a l'unique rôle de mettre au monde toute la colonie à l'aide de sa spermathèque. Dans la majorité des espèce, il n'y a qu'une seule reine. On dit alors que l'espèce est monogyne. Toutefois, il y a des exceptions, et de nouvelles reines peuvent apparaitre de différentes façons !

Les ouvrières classiques

Les ouvrières classiques sont des fourmis polyvalentes, ce sont des ouvrières qui cherchent et s'échangent de la nourriture. Ces ouvrières sont capables de surveiller les environs, et aussi de creuser des galeries.

Fourmis nourrice

Les fourmis nourrice sont des ouvrières qui passent la plupart de leurs temps à s'occuper des œufs et des larves. L'ensemble des œufs ou larve protégé par des insectes dédié s'appelle un "couvain". Nous rencontrons cela uniquement chez les insectes sociaux comme la fourmi ou les abeilles. Ces insectes sont assez intelligents et organiser pour être capable d'assigner des individus à une tache de garderie. Ces nourrices n'ont parfois même pas le temps de manger. Ce sont alors les ouvrières classiques qui utilisent leurs jabot social pour ravitailler les nourrices.

Fourmis soldats

Les fourmis soldat sont également appelé "major". Ce sont de véritables sentinelles. Ces majors sont légèrement plus grosses, toujours en fonction des espèces et des spécimens.

Les majors ont pour objectif de défendre la colonie. Au combat, un major équivaut à la puissance de 10 ouvrières classiques. C'est la reine qui décide de la population des soldats. Lorsque la colonie atteint un certain niveau, des soldats apparaissent. Chez Messor Barbarus par exemple, les majors ont des têtes vraiment rougeâtres, tandis que pour d'autres, il n'y a pas de différences physiques !

Les mâles

Les mâles sont moins nombreux que les femelles dans une colonie. Et pour cause, les mâles n'ont pas réellement d'utilité dans la vie quotidienne de la colonie. Le seul but des mâles est d'attendre la saison des amours pour pouvoir s'envoler et aller séduire et s'accoupler avec des femelles d'autres colonies.

Ces mâle n'ont que ça comme objectif, ils ne peuvent même pas survivre à un accouplement : Tous les mâles qui s'accouplent meurt quelques minutes après les ébats.

Ils n'ont pas de rôle spécifique dans la hiérarchie, mais ils restent très importants pour la survie de l'espèce !

Les rôles particuliers

Nous avons fait le tour de la hiérarchie d'une fourmilière. Quelques espèces exotiques s'approprient d'autres rôles en fonction du biotope. Il existe par exemple des fourmis "agricultrice" (Espèce Atta et Acromyrmex) qui vont cultiver des champignons dans des galeries dédiés.

Chaque espèce de fourmi est différente, et chaque espèce a su s'adapter à son milieu pour la survie. Néanmoins, nous avons vu que ces petits insectes étaient très bien organisé !

Formica Rufa,
une fourmi des bois !

Réguler la taille de la colonie

Les hyménoptères vivent dans des endroits très confinés. Que cela soit les abeilles ou les fourmis : il y a un nids dans un espace réduit. C'est comme cela que la colonie se sent en sécurité.

L'espace réduit offre aussi beaucoup de contact entre les individus, et cela favorise les échanges de nourritures, mais aussi l'échange d'informations à travers les échanges antennaires et les phéromones !

Avantage de l'espace confiné :
- Moins de stress, sentiment de sécurité
- Échange plus rapide de la nourriture
- Échange plus rapide d'information sur les dangers
- Communication banale plus rapide (chemin, exploration, organisation du couvain, ...)

En captivité, les besoins sont les mêmes ! La colonie doit avoir une bonne communication et doit se sentir protéger. C'est pour cela qu'il faut apprendre à maitriser l'espace disponible ! La maitrise de l'espace peut paraitre commune comme compétence, mais en réalité : C'est une erreur que font beaucoup de débutants avec l'élevage de fourmi, il ne faut pas sous-estimer la gestion de l'espace !

Note : Si l'élevage commence dans un tube a essai, ce n'est pas pour aucune raisons... Mais pour toutes les raisons citées ci-dessus !

En effet, l'erreur la plus commune est d'installer trop tôt une colonie dans un nouveau nid plus grand. Il faut savoir que les fourmis aiment se marcher dessus. Dans la nature, Il y a une place infinie, et pourtant, les nids regroupent des individus qui se marchent littéralement dessus.

Pour reproduire cela en captivité, il faut vraiment attendre le dernier moment pour déménager une colonie dans un espace plus grand. Comme je l'ai déjà dit, 40 ou 50 individus peuvent tenir dans un tube à essai sans problème.

Ceci est une colonie de fourmis rousses des bois (Formica Rufa). Comme vous le constatez, la densité de fourmis est très élevé : Ils ont besoin de vivre comme cela.

Note : Cette espèce est présente dans les forets de France et d'Europe

Mais alors, comment faire pour organiser la place en captivité ?

En captivité, c'est très simple : La règle est de confiner un maximum l'espace dans le nid, comme les fourmis le font en nature.
Si le nid est trop grand, les fourmis se sentiront comme à l'extérieur, et nous voulons qu'elles se sentent chez elles, dans un nid !

Pour donner un ordre de grandeur : c'est facile, les nids sont souvent plats.

- Moins de 100 ouvrières : Tube à essai et nids très petits
- 100 ouvrières : entre 5 cm² et 10 cm²
- 500 ouvrières : entre 10 cm² et 15 cm²
- 1000 ouvrières : entre 15 cm² et 25 cm²
- 1500+ ouvrières : Illimité (dans les grandeurs du marché disponible).

Ces chiffres sont bien évidemment arbitraires, pour donner un ordre d'idée, mais cela est à adapté selon l'espèce et le type de nids.

J'ai dit que les espaces dans les nids doivent être très confinés. J'ai dit aussi que les fourmis se baladaient dans la nature avec un espace infini, nous allons nous inspirer de cela.

Les fourmis ont un espace infini pour chasser et découvrir le monde en dehors de leurs nids, c'est la nature.

En captivité, nous pouvons installer des aires de chasses. Ce sont des parcelles dédiées à la recherche de nourriture, mais c'est aussi utilisé par les fourmis pour déposer leurs déchets, et pour de l'exploration.

Les aires de chasses s'achètent très facilement, ils se relient avec de petits tuyaux au nids. Ces aires de chasses sont aussi un endroit ou vous pouvez bien observer vos animaux.

Il y a beaucoup d'aires de chasse disponible, et vous pouvez choisir des aires de tous type, pourvu qu'elles soient de bonne qualité. En effet, les fourmis n'ont plus besoin de leurs espaces confinés a la sortie de la fourmilière.

Il existe également des aires de chasses avec des plantes séchées et des cailloux, n'hésitez pas à offrir cela à vos fourmis. Ils exploreront le décors et c'est aussi de l'enrichissement à un petit niveau.

Note : L'aire de chasse est nécessaire, et nécessite un petit nettoyage avec un pinceau de temps à autre. C'est aussi l'endroit ou vous allez déposer de la nourriture !

Les nids

Pour élever des colonies, vous devrez soigneusement sélectionner des nids. Il y en a pour tous les gouts, mais il faut aussi choisir en fonction de l'espèce et des conditions de vie.

Premièrement, La qualité de confection des nids doit être irréprochable. En effet, les fourmilières ne doivent pas contenir d'objet irritant, pas de peinture toxique, et pas de point d'évasion. Un fourmilière de qualité doit tenir dans le temps sans être endommagé. Les fourmis n'hésiteront pas à s'évader si une brèche s'ouvre.

Note : Nous constatons davantage d'évasion de fourmis lorsque le nid est trop petit pour la colonie, il s'agit la d'une intention de s'étendre, les fourmi cherchent de plus en plus d'espace, et elles sont de véritable reines de l'évasion.

Ensuite, vous devez faire attention à la matière qui compose une fourmilière.

- Le bois
- La terre
- Le plâtre
- Le plexiglas
- Le verre
- le béton cellulaire

Parmi tous les matériaux disponibles, il faut bien choisir ! Étudions cela !

Le bois

Le bois est adapté aux espèces qui vivent dans les forets, mais qui n'aiment pas trop l'humidité. Le bois se désagrège avec cette humidité si elle est trop élevée.

La terre

Les nids en terre reproduisent fidèlement les conditions naturelles, cependant ils s'avèrent trop fragile pour une utilisation en captivité.

Le plâtre

Le plâtre doit être moulé, il est solide et apprécié par les fourmis. Cependant, les nids en plâtre ne durent pas des années. C'est une bonne matière pour le nid d'une colonie croissante, un nid non définitif.

Le plexiglas

Le plexiglas est solide et durable, mais il ne convient pas à toutes les mandibules, et l'observation à travers cette matière est légèrement plus difficile.

Le verre

Le verre est solide et offre une bonne vision, c'est un bon choix. Les tubes à essai en verre représentent la preuve que l'élevage avec un nid en verre est le bon choix.

Le béton cellulaire

Le béton cellulaire est un choix optimal pour les espèces qui aiment l'humidité, ce type de béton est friable et laisse passer l'eau petit à petit. C'est solide et c'est aussi un bon moyen de laisser de l'humidité dans un nid, sans que celui-ci soit dégradé.

Au niveau des cavités dans la fourmilière, il est préférable d'avoir une grande salle, puis plusieurs salles petites et moyennes, c'est comme cela que s'organisent la plupart des espèces à l'état naturel. Les fourmilières en vente sur les marchés sont déjà conçu pour être performante sur les colonies de fourmis.

Un autre point important est l'humidité. Il doit constamment y avoir un gradient d'humidité dans la fourmilière. Ainsi il faut humidifier un côté de la fourmilière plus souvent qu'un autre côté plus sec. Les fourmis vont creuser partout, et elles auront le choix de s'exposer (ainsi que leurs œufs) et des endroits plus secs ou plus humide. Généralement, nous versons entre 5 ml et 10 ml d'eau toute les deux semaines dans un nid, pour avoir une bonne humidité. Ce principe de gradient est aussi utilisé pour la chaleur dans la maintenance des reptiles en captivité.

Certains nids en terre ou en sable sont vendu sans galerie. Il faut parfois même insérer le sable ou la terre dans le nid. Ces nids creusables et constructibles doivent avoir un peu plus d'humidité a la première injection d'eau. Attention tout de même : Ces nids creusables ont des galeries qui peuvent s'effondrer avec un excédents d'eau. Cela cause de gros dommages pour les jeunes colonies de moins d'un an.

Note : Ces nids creusables sont plus difficile à appréhender, mais ils offrent une liberté de construction aux fourmis, et une bonne visibilité sur les animaux pour l'éleveur.

Les nids DIY

Le DIY (Do It Yourself = Fais le toi-même) est à la mode ces dernières années, mais depuis les débuts de l'histoire de la maintenance des fourmis, les éleveurs ont su créer des fourmilières avec des matériaux basiques, assez facilement !

Si vous voulez créer votre propre fourmilière, il faut bien comprendre que c'est une façon de faire légèrement plus risqué, surtout en matière d'évasion. Ensuite, les nids fait à la main par des débutants ne sont souvent pas optimale dans les galeries, et dans le décors. Attention alors, il conviendra d'analyser un nid confectionné à la main pour savoir s'il peut réellement accueillir une colonie.

Mais avec un peu de pratique et de matériaux adaptés, cela est tout à fait possible.
Un bon exemple est un nid en béton cellulaire, que l'on creuse à l'aide d'un tournevis. Une fois les galeries fondées, il faut couvrir les galeries par une plaque de verre ou de plexiglas. Les joints seront faits avec de la silicone.

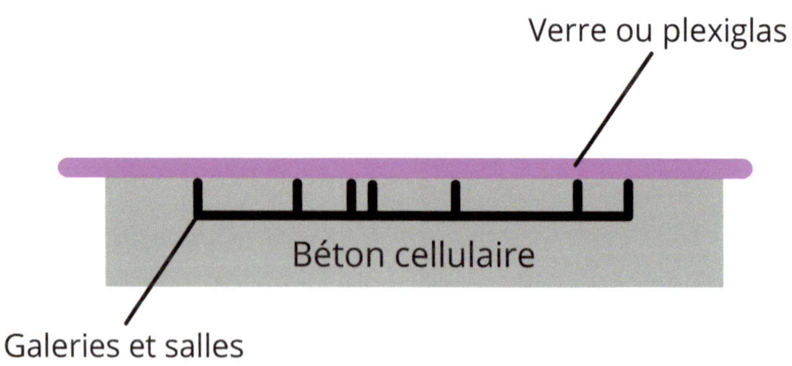

Les autres fourmilières sont plus complexes à réaliser soi-même. Voici quelques points importants selon moi :

- Le bois est plus complexe à tailler, et nécessite une fraiseuse, peut créer beaucoup d'évasion.
- Les nids en plexiglas sont facilement concevable, mais les rendus sont souvent pas agréables a la vue.
- Le verre est difficile à travailler.
- Les nids creusables en terre ou en sable sont faisable. Ici, la difficulté est de faire un nid ou l'on peut facilement observer ses animaux. Un mélange de béton cellulaire et de sable ne sont pas des mauvaises idées en revanche si vous voulez voir vos fourmis creuser.

Il faut prendre beaucoup de précaution avec un nid fait maison, mais cela est réalisable si vous êtes bricoleur et que vous connaissez vos animaux. Si vous vous lancer dans cette aventure, il vous suffira d'étudier votre projet, et il pourrait se réaliser ! Certains passionnés font même de très belles fourmilières.

Note : Certains nids ont trop de lumière, ce qui n'améliore pas le stress des fourmis. Pour y remédier, il existe des plaque de verre avec un filtre anti-lumière à apposer sur un nid, cela permet de simuler la nuit pour la vision des fourmis. Et cela vous permettra d'observer votre colonie facilement sans les déranger !

Nettoyage des nids

Passons maintenant au nettoyage. Comme tous les animaux de compagnie, et les NAC : Les fourmis n'échappent pas à la tâche de nettoyage.
Le nettoyage fait partie du jeu, mais il faut aller au-delà. C'est une bonne occasion pour observer de près la colonie, de recenser les individus et les anomalies.

Pour conserver une fourmilière propre et vivable pour vos insectes, ce n'est pas très complexe ! Il faut faire un nettoyage environ une fois toute les deux semaines, le travail consistera à enlever les déchets des fourmis et les éventuelles moisissures ou aliments non consommés.

Le pinceau fin est la meilleure option pour balayer les détritus sans blesser les fourmis. Vous pourrez utiliser également le pinceau pour aller dans les anfractuosités.
Il ne faut pas utiliser des produits pour nettoyer : Vos insectes risquent la noyade, même avec très peu d'eau. Vous pouvez aussi provoquer des intoxications. Dans le cas ou des acariens se propagent, il est préférable de diluer du jus de citron et du vinaigre dans de l'eau, puis de nettoyer les aires de chasses avec ce mélange. Pendant cette procédure, il faut éloigner les animaux le plus loin possible. Rassurez-vous, les acariens arrivent rarement. Si le petit nettoyage est fait toute les deux semaine, avec environ dix minutes de temps. Alors vous n'aurez pas de gros nettoyage à faire, et vos fourmis se porteront bien.

Le nid et les tuyaux sont des lieux propres puisque les fourmis n'exposent pas leurs déchets a ces endroits, et ils nettoient les zones.

Les fourmilières qui ne servent pas pendant une longue durée peuvent être nettoyées au vinaigre, il en est de même pour les autres zones d'habitation en cas de vacances prolongées. Mis à part cela, nos fourmis ne demandent pas beaucoup d'entretien en termes de nettoyage.
Effectivement, ce sont des petits animaux qui ne mangent que des petites quantités, les fourmis polluent que très peu l'environnement, et elles sont capables de faire le ménage.
Ce sont des animaux extraordinaires, je vous l'ai déjà dit ?

Gestion des évasions

Quand on parle d'évasions, même les ouvrières deviennent des reines à ce jeu !

Les fourmis ne se laissent pas enfermer, bien qu'elles ne comprennent que partiellement ce qui leur arrive, elles cherchent à explorer le territoire, et à se cacher pour être en sécurité. Avec toutes ces actions, les fourmis peuvent vite s'échapper, quels sont nos stratégies pour éviter les évasions ?

La solution bien connue de tous les éleveurs est l'huile de paraffine. C'est une huile spécifique que l'on peut retrouver dans les animaleries et sur internet. Cette huile fonctionne pendant environ 15 jours, elle empêche les fourmis de passer. Cela crée une barrière invisible (l'huile de paraffine est incolore).

Pour appliquer une huile comme celle-ci, il faut prendre de l'huile avec un coton-tige, puis appliquer sur les surfaces à protéger. Généralement au bord des couvercles et espace d'observation. Il faut créer un véritable polygone d'huile sans espace blanc, et vous n'aurez pas d'évasion.

Pour ne pas avoir d'évasion, certains éleveurs utilisent aussi du talc. Il s'agit de diluer du talc dans de l'alcool pur médical, puis d'appliquer le mélange sur les parois. Une fois l'alcool évaporé, le talc séchera et cela fait une barrière presque naturelle. Cette solution fonctionne, mais elle est un peu plus visible que l'huile de paraffine.

Pour éviter les évasions, il faut aussi prendre du matériel de qualité. Les matériaux de premiers prix sont souvent très esthétiques et utile, mais ils ne tiennent pas sur le long terme. C'est avec des colonies vieillissantes que les évasions sont les plus fréquentes.

En effet, lorsqu'il y a trop d'individus dans une colonie, elle a tendance à vouloir pousser les bords, pour explorer plus loin, cela provoque plus d'évasion si la fourmilière ou les aires de chasses sont mal protégés ou inadaptés.
Entre la fourmilière et les aires de chasses, il y a des tuyaux auquel il faut faire attention également. Les tuyaux peuvent être rongés par les mandibules et le passage des animaux.

Vous l'avez compris, les évasions sont fréquentes lorsque l'éleveurs ne fait pas attention ou n'est pas précautionneux. En revanche, si les anti-évasions comme l'huile de paraffine ou le mélange alcool-talc sont bien appliqué, et que le matériel est de bonne qualité et le prouve dans le temps, alors les évasions seront quasi inexistantes.

À vous de vérifier votre matériel de temps en temps, pendant une session d'observation ou une session de nettoyage par exemple.

Gérer une colonie avancée

Jusqu'a lors, nous avons vu comment vivent les fourmis, nous avons aussi vu comment gérer des colonies. Certaines espèces augmentent très vite en population, et d'autres sont plus lente. La vitesse de développement d'une colonie est indépendant de la difficulté d'élevage, mais un jour ou l'autre, vous serez confronté à des grosses colonies.
Ces colonies plus massives nécessitent un peu plus d'attention et de soins.

Tout d'abord, pour donner à boire à votre colonie, les petits bouchons de coton imbibé d'eau seront trop petits, les fourmis vont envahir le bouchon d'eau, et la circulation autour du point d'eau sera de plus en plus difficile.
Dans un grosse colonie, il faut disposer plusieurs points d'eau dans l'aire de chasse, ou il faut mettre en place des abreuvoirs plus grands, en fonction de la taille de la colonie. Notez que si les points d'eau sont plus nombreux, cela demande aussi un peu plus d'entretien.

Ensuite, les colonies plus massives demandent un peu plus de précision en nourriture. Vous devez adapter la dose de nourriture en fonction des individus, mais aussi en fonction du type de nourriture. Que cela soit des graines, des liquides sucrés ou des insectes, il faut apprendre à bien doser. Pour des espèces faciles avec des régimes mixtes : Nous conseillons 70% de glucide pour 30% de protéine.

S'il y a davantage d'individus, et que les quantités de nourriture et d'eau sont plus importantes, il y a plus de risque de développer des parasites. Dans ce cas, il vaut mieu prévenir que guérir. Ici, il s'agit d'anticiper et de prévoir un liquide dilué au vinaigre, pour être prêt à l'éventuel invasion de parasites comme les acariens.

Le bilan de santé de la colonie doit aussi être effectué plus souvent avec ce genre de colonie. Observez, et soyez prêt à agir en cas de besoin.

La circulation des fourmis est tout aussi importante, comme je vous l'écrivais plus haut pour l'accès au point d'eau, vos fourmis ont besoin de circuler et d'explorer. Certes, ils aiment s'entasser les uns par-dessus les autres, mais il y a d'autres contrainte à prendre en compte.

- Les tuyaux de jonction ne doivent pas être totalement
  À la verticale
- Après 1500 individus, il est préférable de prévoir deux
  accès pour chaque aire de chasse

Vous pouvez aussi augmenter le nombre d'accès au nid principal. Généralement, les fourmilières ont plusieurs entrées. Des éleveurs n'hésitent pas à percer des trous dans la fourmilière pour insérer de nouveaux tuyaux, cela fonctionne bien, si les trous ne laissent pas la place aux évasions.

Rappel : Le risque d'évasion augmente sur les grandes colonies.

Enfin, les colonies massives sont plus complexe à déménager. Lors d'une fondation en tube à essai, un déménagement se fait en quelques minutes, plutôt facilement (dans la plupart des cas).

Les grosses colonies ne peuvent pas déménager en 5 minutes. Cela est impossible ! Quel stratégies utilisent-on dans ce cas ?

- Le temps est votre meilleur allié. Vous pouvez relier le nids actuel au nids futur par un tuyau, et installer une lumière sur l'ancien nid. Il faut ensuite attendre que la reine déménage avec les ouvrières. Cela peut prendre plusieurs jours ou mois.
- Vous pouvez diminuer les points d'eau dans le nid actuel, et en mettre davantage dans le nid futur, et en faire de même avec l'hygrométrie, en jouant doucement sur les paramétrages.
- Si votre ancien nids ne sert plus, vous pouvez utiliser de l'anti-évasion pour bloquer quelques accès supplémentaires dans l'ancienne fourmilière.

Votre techniques dépendra de vos objectifs, généralement, il s'agit de simples agrandissements, mais lorsque vous voulez totalement retirer une fourmilière à une colonie, cela prend plus de temps.

Les fourmilière sauvages

Les fourmilières peuvent prendre des apparences de volcans. C'est parfois des pièges pour attraper de petits insectes.

En foret, les fourmilières ont souvent des apparence de dôme. Ccla évite que les fourmis soient perturbé par les racines et les autres animaux des sols.

Les fourmilières plus avancées peuvent avoir plus d'une entrée. Cela facilite le mouvement des animaux dans le nid.

Dans les plaines, les nids peuvent prendre beaucoup d'apparence, comme des petits dômes, ou des petits trous...

Liste des espèces francaises

Voici une liste des fourmis que nous pouvons retrouver en France. Ce sont donc des fourmis que nous pouvons élever, elles sont disponibles sur notre territoire. Je ne listerai pas les espèces disponibles dans le commerce, car elles dépendent beaucoup de la demande, des arrivages et des importations. Je ne fais pas non plus une liste exhaustive : L'objectif est de vous faire découvrir les fourmis les plus courantes en France.

La fourmi noire (Lasius niger)

Lasius Niger est une fourmi commune dans l'Europe. Les colonies varient entre 5 000 et 15 000 individus. C'est une fourmi classique et d'une couleur uniformément noire. Les fourmis qui viennent de passer le stade larvaire peuvent apparaitre gris. Cette espèce est facile à élever, elle se nourrit de miellat de puceron, de petits insectes, mais également de végétaux : Elle est opportuniste.

La fourmi d'argentine (Linepithema Humile)

Linepithema Humile est une petite fourmi qui vit en argentine et en Europe. Dans une colonie de fourmis d'argentine, il peut y avoir plusieurs reines, si la colonie devient trop grosse, une reine part avec une fraction des ouvrières pour former une nouvelle fondation. Cette espèce n'a donc pas besoin de vol nuptial, et a un taux de mortalité moins élevé. Cette espèce est considérée comme invasive dans de nombreux pays. Elle est opportuniste et facile à élever également.

La fourmi pharaon (Monomorium pharaonis)

La fourmi pharaon ne vient pas d'Égypte, mais plutôt d'Afrique occidentale. Elle possède le même mode de vie que la fourmi d'argentine, et est toute aussi invasive. Les deux espèces se confondent, bien que la fourmi pharaon soit légèrement plus foncé en couleur.

Fourmi des bois (Formica Pratensis)

Formica Pratensis est une fourmi qui vit dans les forets. Il y a qu'une seule reine, qui pond dans une fourmilière en forme de dôme. Cette espèce est facile à élever, il lui faut des insectes ou des graines, en petite quantité.
En revanche, Formica Pratensis est plus difficile à trouver en nature, en raison de son habitat.

Camponotus cruentatus

Camponotus cruentatus est une grande fourmi française, la gyne peut faire jusqu'à 1.85 centimètre, et les ouvrières 1 centimètre en moyenne. L'espèce est actuellement en déclin à cause des invasions de fourmi d'argentine. Camponotus cruentatus vit dans les zones rocheuses, et mangent essentiellement du nectar, des fruits et des liquides sucrés. Elle mange des insectes de temps à autre. Attention, certaines colonies peuvent devenir difficile à nourrir sur le long terme. Il y a également des cas de cannibalisme recensés sur les larves.

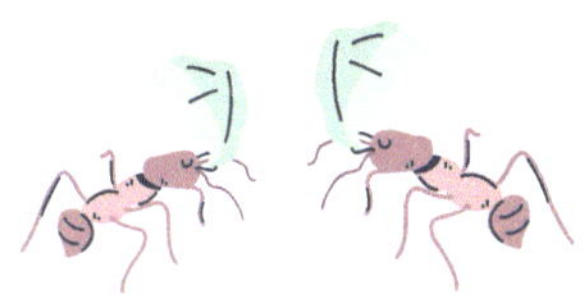

La fourmi écussonnée (crematogaster scutellaris)

Avec des essaimages en septembre et octobre, la fourmi crematogaster scutellaris est lignicole (dans le bois). Ce sont des colonies monogynes, et parfois oligogynes (avec plusieurs reines qui sont en concurrence). En captivité, cette espèce se développe rapidement, elles mangent principalement des insectes, mais le miellat est aussi bon pour elles si ce n'est pas en excès (comme dans la nature).
Il faudra préférer un nid en bois pour cette espèce.
Les fourmis écussonnées ont des abdomens en forme de pique.

Fourmi des champs (lasius alienus)

Cette espèce moyenne est confondu avec Lasius Niger, la fourmi noire. Les deux fourmis sont communes, bien que la lasius alienus est plus claire. Ces fourmis ont besoin d'un peu de chaleur, voilà pourquoi elles choisissent des carrières ou des champs pour la nidification.

Lasius Emarginatus

Lasius Emarginatus est une fourmi de 5 mm environ. Elle se nourrit presque exclusivement de miellat. Les colonies sont capables de défendre les pucerons en échange de ce miellat sucré que produisent ces animaux (C'est une symbiose). Cette espèce est monogyne, nous la rencontrons sur les tallus, mais aussi dans les prairies et les habitations. C'est une espèce bicolore facile à élevé (avec des liquides sucrés en captivité).

Camponotus pilicornis

Avec des essaimages en juillet-aout, cette espèce de camponote est très active. Elle se nourrit surtout avec des insectes. Les camponotus pilicornis peuvent aller des couleurs brunes aux couleurs jaunes. Cette espèce vit aux abords des forets, et est très facile à élever. Généralement, cette espèce s'éloigne des milieux rocailleux.

Formica sanguinea

Formica sanguinea est appelé ainsi, car c'est une fourmi esclavagiste, elle utilise le genre 'serviformica' comme les formica Fusca pour élever leurs petits. Dans la nature, cela se traduit souvent par une intrusion dans un nids, puis un remplacement de la reine. Une reine Formica Sanguinea remplace une reine Formica Fusca, puis ce sont les Fusca qui s'occupent des nouveaux œufs.

Formica Sanguinea est la seule fourmi de ce genre en France et en Europe.

Son mode de vie rend impossible la maintenance en captivité par des amateurs !

Les espèces courantes en image

Formica Sanguinea

Camponotus pilicornis

Lasius Emarginatus

lasius alienus

crematogaster scutellaris

Camponotus cruentatus

Formica Pratensis

Monomorium pharaonis

Linepithema Humile

Lasius niger

Différence entre vie sauvage et captivité

Beaucoup d'éleveurs achètent des fourmis dans le commerce à leurs débuts, mais ce commerce via internet ou les animaleries est assez pauvre en termes de contenu. Bien qu'il y a des espèces exotiques très intéressantes dans le commerce, il y a aussi beaucoup de variétés sauvages sur nos territoires. La liste dans le chapitre précédent n'est qu'un bref échantillon : D'autres espèces plus rares encore sont présente dans nos régions, et sont très intéressantes à maintenir en captivité.

C'est aussi pour bien comprendre le cycle de vie des fourmi, et l'environnement des espèces que beaucoup d'éleveurs plus chevronnés cherchent des gynes dans la nature.

Seulement voilà, il y a une différence entre vie sauvage et vie en captivité. Étudions cela maintenant en plusieurs points.

Lasius Fuliginosus

Cette espèce est présente en France, bien que plus rare, mais elle est très belle et très élégante, elle est pourtant inexistante dans le commerce traditionnel.

- L'alimentation

L'alimentation est différente en captivité, les animaux doivent accepter ce qu'on leurs donne. Elles n'ont pas le choix en captivité ! En nature, elles sont capables de bien varier la nourriture contrairement à nous (nous ne connaissons pas ce qu'ils ont vraiment besoin) !
C'est pour cela qu'il faut nourrir la colonie avec de la nourriture diversifiée (en type de graines, de liquides ou insectes), cela aide à simuler les conditions de vie en nature.

- Le substrat

Le substrat est aussi une différence entre captivité et nature. En captivité, les fourmis évoluent sur un sol plus diversifié en matériaux, mais aussi en altitude et aspérité. C'est intéressant de varier les substrats dans les aires de chasse si vous voulez reproduire des conditions naturelles. Vous pouvez ajouter des cailloux ou des plantes séchées dans les aires de chasse.

- Les températures

Les températures sont aussi plus stables en captivité. Il n'y a pas d'importantes différences entre jour et nuit. Ce n'est pas si grave si les fourmis ont toujours vécu en captivité, mais cela peut être plus complexe pour gérer la température selon les saisons à l'intérieur d'une maison. Ce phénomène de température plus stable est aussi un problème pour les fourmis qui effectuent leurs diapauses (voir prochains chapitre).

- Les prédateurs

Bien évidemment, les fourmis en captivité n'ont plus de prédateurs. À ce niveau, cela serait bête de reproduire la nature. C'est un bon point qu'il faut conserver.

- La reproduction

Enfin, c'est le processus de reproduction qui est plus complexe. Les divisions de colonie mère-fille sont plus difficile à observer en captivité.

Les espèces qui font des essaimages ne peuvent plus se reproduire, bien que certains amateurs aiment lâcher leurs spécimens ailés dans l'espoir qu'ils se reproduisent ! En effet, les spécimens ailés peuvent féconder ou être fécondé.

Et respectivement, mourir, ou fonder une nouvelle colonie (Si l'espèce est déjà présente dans le territoire).

Les nouvelles reines n'ont pas de mal à vivre, puisqu'ils passent leurs temps dans une galerie de la fourmilière.

La loi francaise sur les fourmis

Contrairement à ce que l'on pourrait croire, les fourmis ne sont pas encore encadrées par des lois.

Il est possible de relâcher ou prélever une espèce, pour la simple et bonne raison que les fourmis prolifèrent beaucoup, et que le marché est plutôt faible en réalité.

Les fourmis, c'est petit et inintéressant pour la plupart de la population, il y a même des "anti-fourmi" qui se vendent, comme quoi, le grand public et les gouvernements ne s'intéressent pas à la protection des espèces à ce niveau.

Cependant, il y a des espaces qui sont protégés, comme certains parcs naturels. Ici, ce n'est pas les lois, mais plutôt des arrêté préfectoraux qui interdisent tout prélèvement, sans forcément préciser l'ordre des hyménoptères.

Même si en France et en Europe, les lois sont encore floues, ce n'est pas une raison pour faire n'importe quoi ! Nous pouvons élever des fourmis, détenir des espèces, en respectant la nature.

Certaines espèces sont en déclin, comme c'est le cas pour plusieurs espèces de fourmis des bois. Lors de prélèvement en nature, il faudra privilégier les espèces les plus communes. Ou, être assez expérimenté pour pouvoir développer la colonie, et pourquoi pas la relâcher ensuite ?

Notez qu'il n'y a pas de loi pour les fourmis, mais il y a des codes de déontologie à appliquer ! Ces codes ne sont pas valables juridiquement, mais ce sont des bonnes conduites.

- Ne prélever que les spécimens strictement nécessaires, et ne pas mettre en péril volontairement les espèces prélevés.
- Une interdiction d'introduire une espèce ou un végétal dans un milieu ou l'espèce n'est pas déjà présente.
- En cas de découverte ou de documentation d'une espèce, il faut partager gratuitement le savoir au service de la science et des animaux.
- En cas d'étude des fourmis à l'étranger, il faut respecter les règles en vigueur dans le pays même.
- En cas d'observation en nature, il convient de ne pas laisser de trace de votre présence sur la nature.

Note : Les informations de ce chapitres ne sont pas des conseils juridiques et sont susceptibles d'évoluer avec le temps.

Diapause

Enfin, cet ouvrage sur les fourmis et leurs maintien en captivité ne pourrait pas être achevé sans parler de diapause.

La diapause est une stratégie que pratiquent certains animaux. C'est en réalité une phase de repos qui dure pendant deux ou trois mois. Certaines plantes, mais aussi des embryons et plusieurs animaux (dont les fourmis) font des diapauses à chaque saison.

Si les oiseaux font des migrations, les fourmis, elles, ont adopté la diapause pour se ressourcer en période froide. La diapause est ancrée même génétiquement dans la vie des fourmis. C'est une véritable phase de vie au ralenti. Pendant les diapauses, les animaux se nourrissent moins. Et circulent moins.

En captivité et pour les espèces qui pratiquent la diapause, il faut baisser les températures. Nous préférons déplacer les colonies dans des endroits froids comme des caves ou salles plus fraiches.

Les diapauses sont nécessaires pour les espèces qui la pratiquent, et une bonne diapause signifie un développement réussi pour l'année suivante.

Note : Les fourmis constituent des réserves de nourriture pour la diapause, en captivité, il convient de bien nourrir ses fourmis avant la diapause, puis de bien respecter la phase de repos.

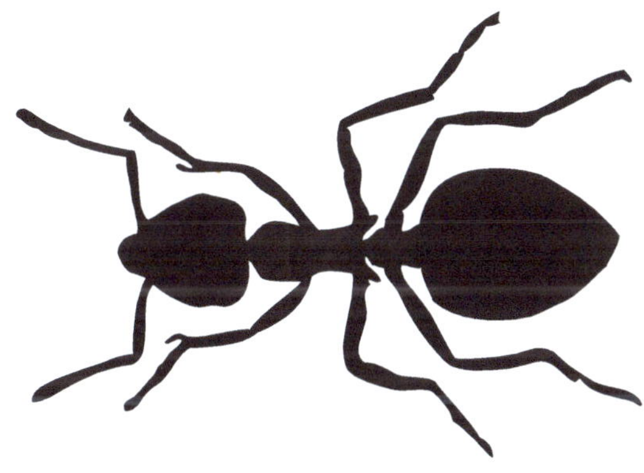

Merci pour votre lecture, n'hésitez pas à aller plus loin dans la documentation des hyménoptères, et a bien observer le comportement des fourmis. Que cela soit en milieu naturel, ou en captivité.

Elles ont des comportements uniques dans la nature, et vous pouvez en apprendre beaucoup avec de l'observation !

Notez ce livre sur amazon.fr !